Jeem	**Thaa**	**Taa**	**Baa**	**Alif**
Raa	**Dhaal**	**Daal**	**Khaa**	**Haa**
Daad	**Saad**	**Sheen**	**Seen**	**Zaay**
Faa	**Ghayn**	**Ayn**	**Dhaa**	**Taa**
Noon	**Meem**	**Laam**	**Kaaf**	**Qaaf**
Laam	**Waaw**	**Haa**		

أُخْطُبُوط

OKHTOBOTE

أَلِف

ALIF

ب

تَاء
TAA

تُفَّاحَة
TOUFFAHA

ثَاء
THAA
ثُعْبَانِ
THOUABAN

جِيم
JEEM

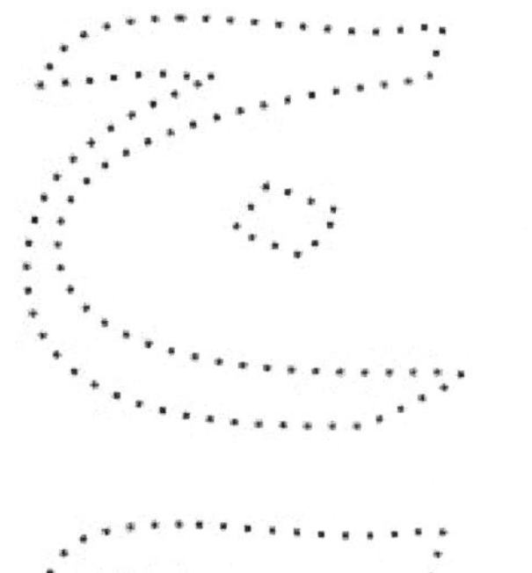

جَرَّارُ
JARRAR

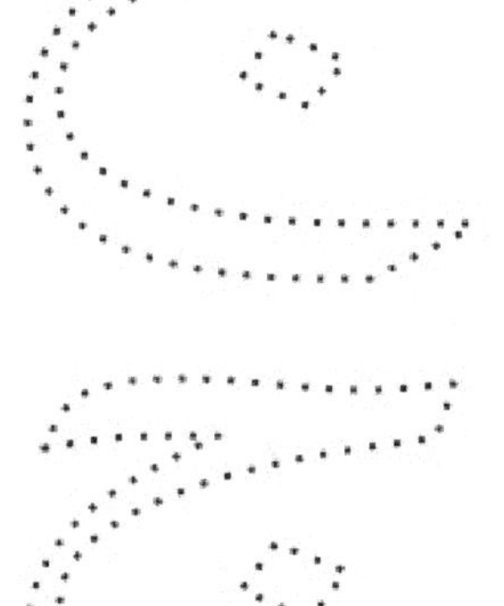

حِذَاء

HEETHAA

حَاء

HAA

خَيْمَة
KHEYMA
خَاءٌ
KHAA

دَال
DAAL
دِيك
DEEK

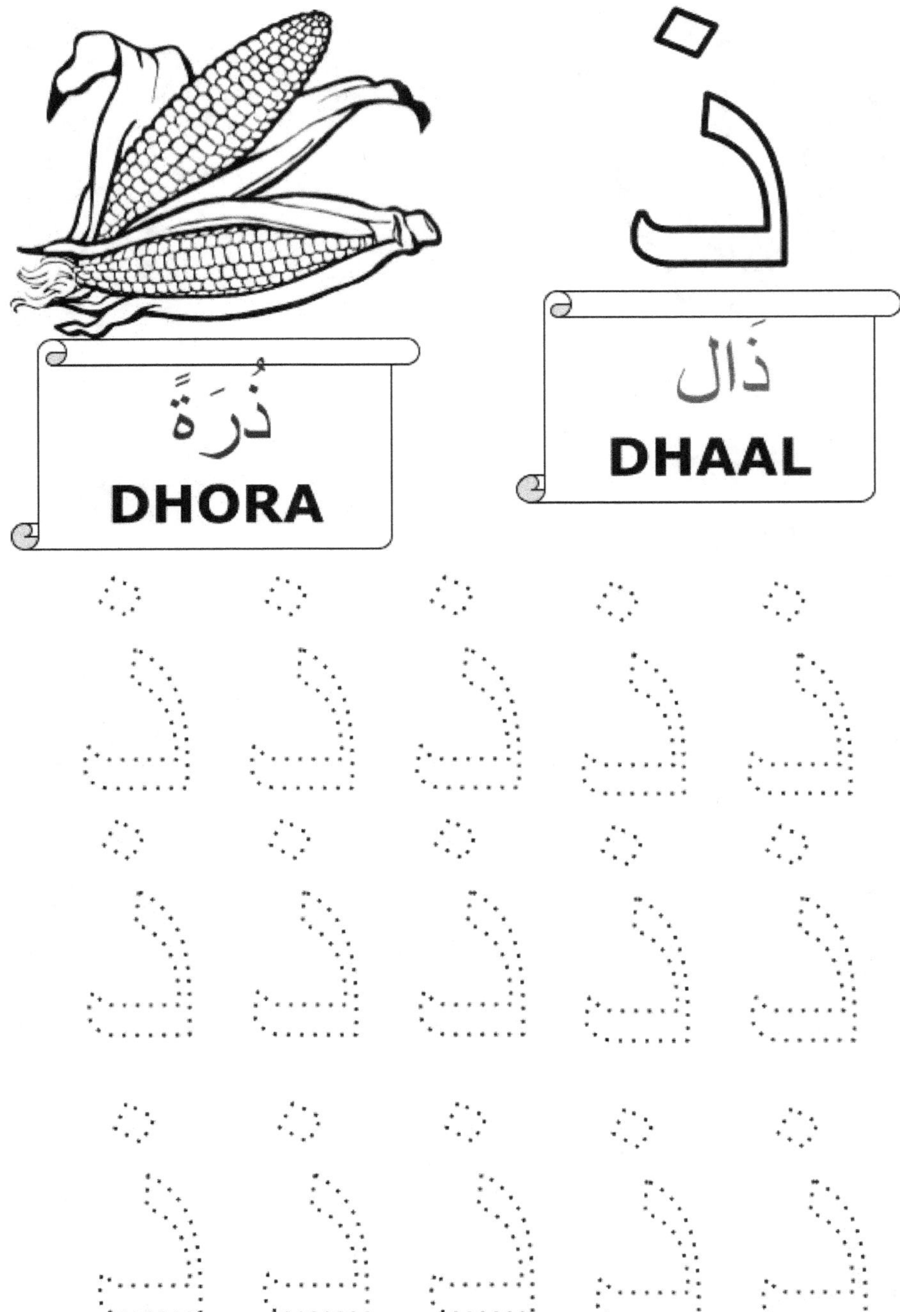

ذُرَةٌ
DHORA
ذَال
DHAAL

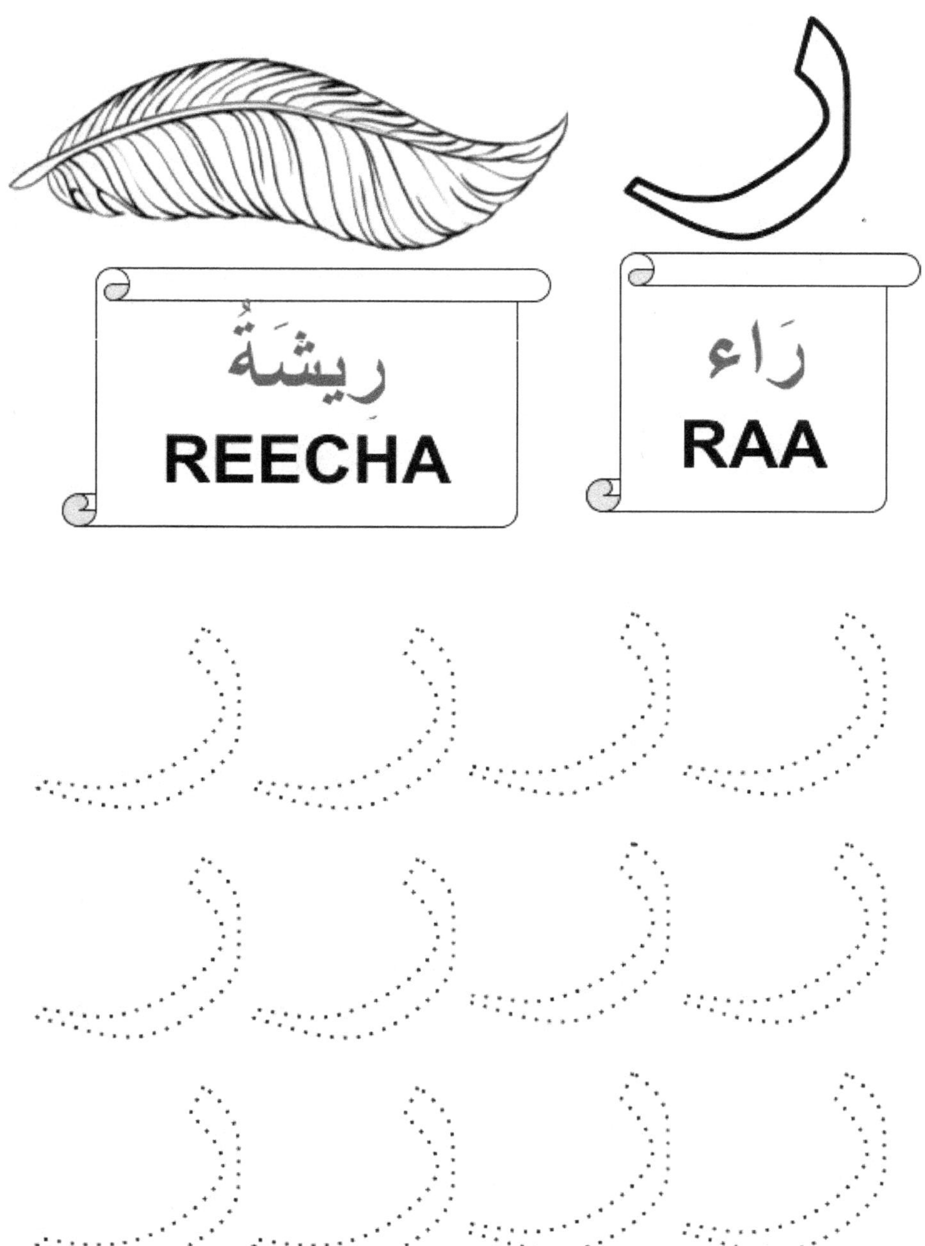

رِيشَة
REECHA
رَاء
RAA

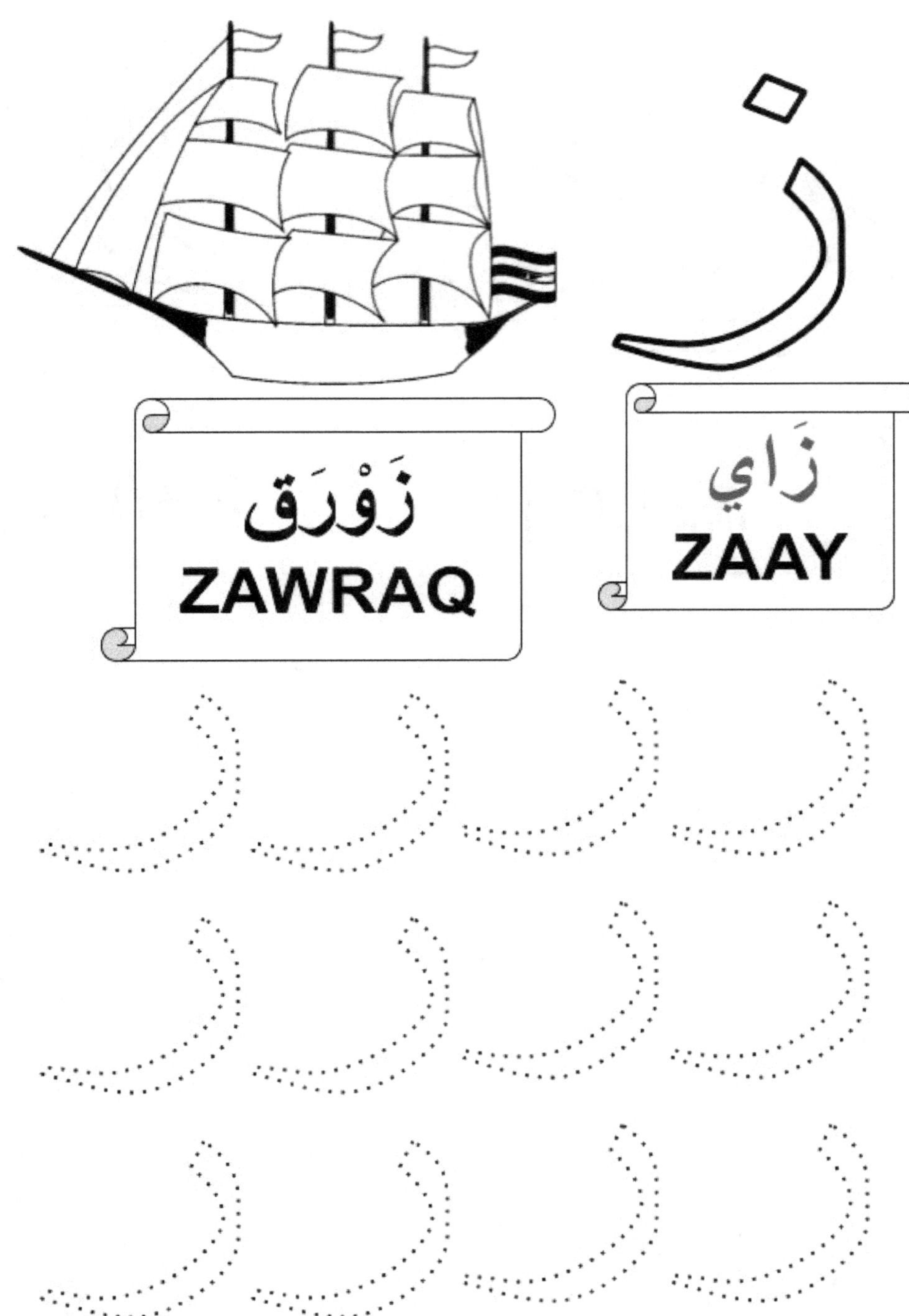
زَوْرَق
ZAWRAQ
زَاي
ZAAY

سَيَّارَة
Sayara
سِين
Seen

ش

شَجَرَة
Shajara

شِين
Sheen

صَارُوخ
Saroukh
صَاد
Sad

ضفدع
DEEFDAA
ضَاد
DAAD

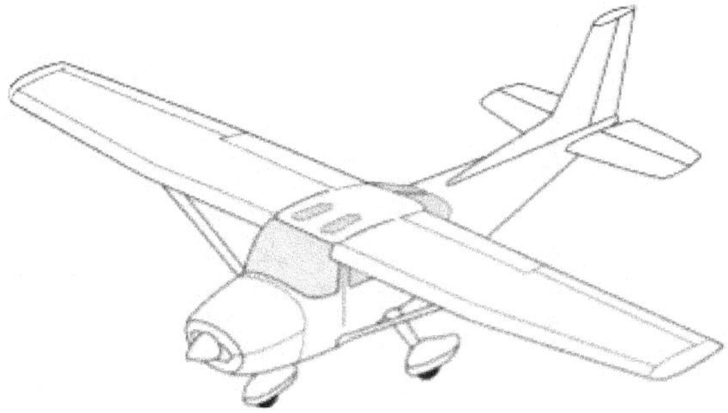

طَائِرَة
TAEERA
طَاءٌ
TAA

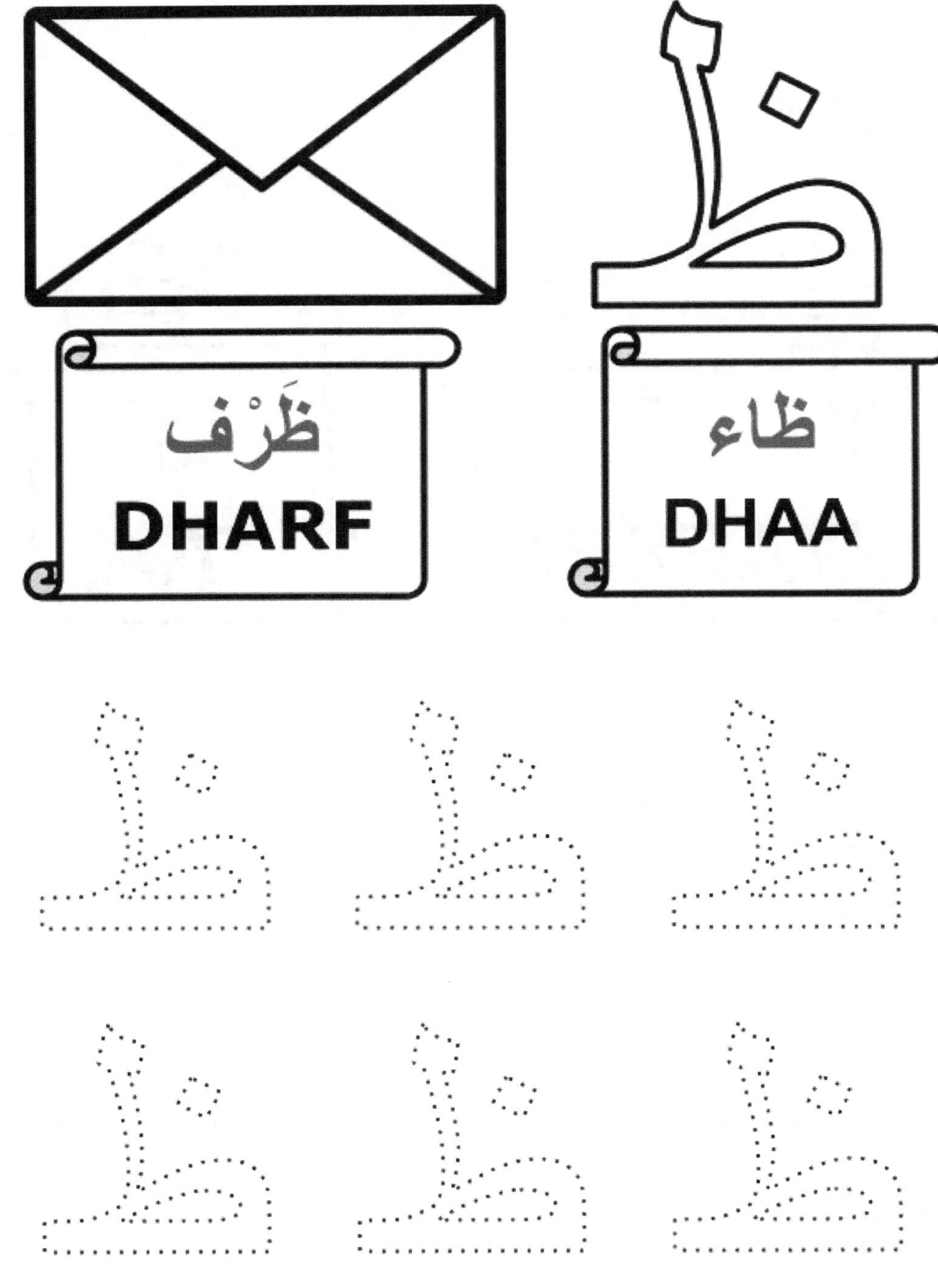

ظَرْف
DHARF
ظَاء
DHAA

عِنَب

EANAB

عَيْن

AYN

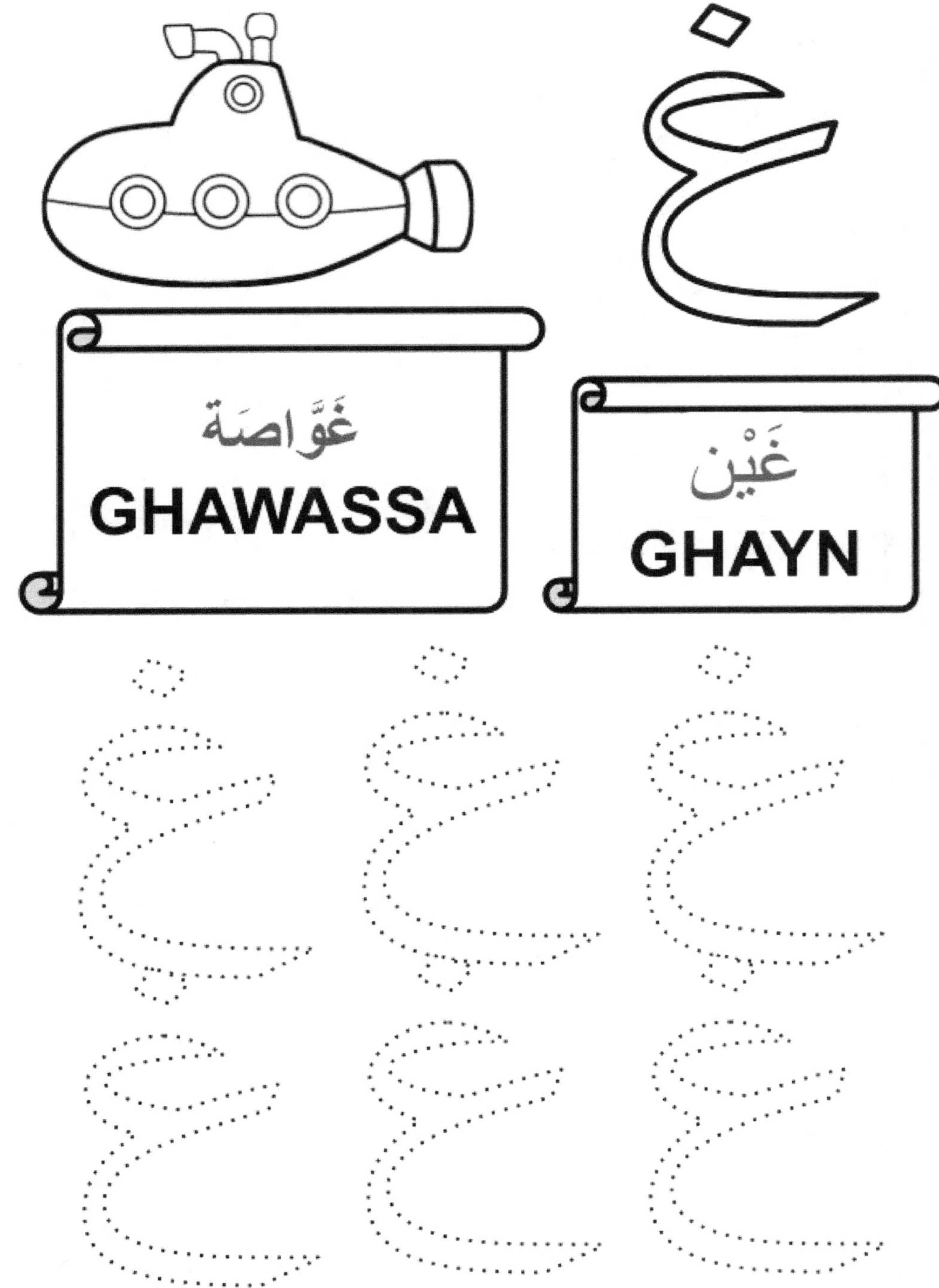

غَوَّاصَة
GHAWASSA
غَيْن
GHAYN

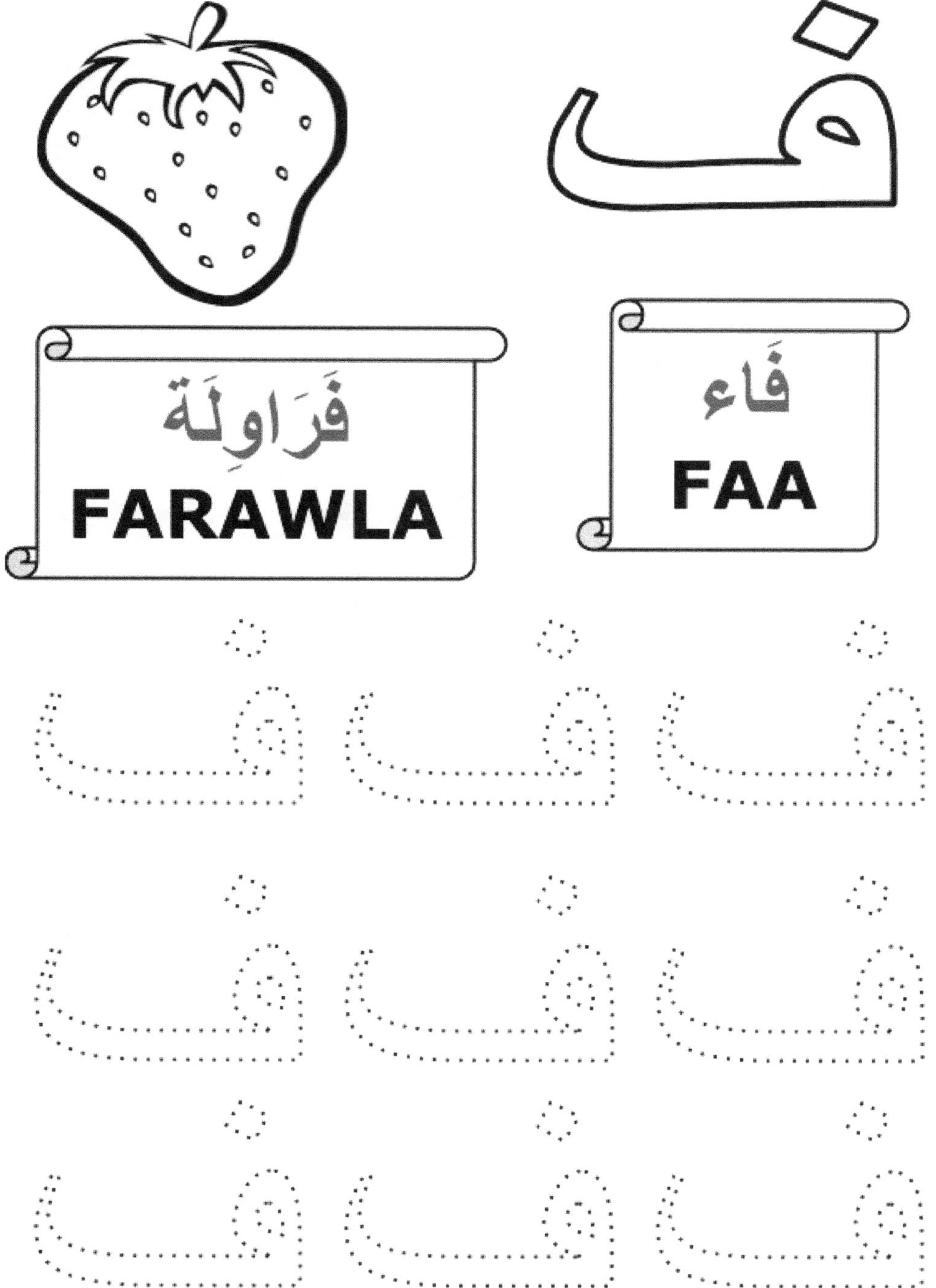
فَرَاوِلَة
FARAWLA
فَاء
FAA

قَاف
QAAF
قِطَار
QITAR

كَاف
KAAF 
كُرَة
KORA

لَام
LAAM
لَيْمُونَة
LAYMOUNA

ميم
MEEM
مَوْز
MAWZ

نُون
NOON
نَظَّارَة
NADDARA

هَاء
HAA
هَاتِف
HATIF

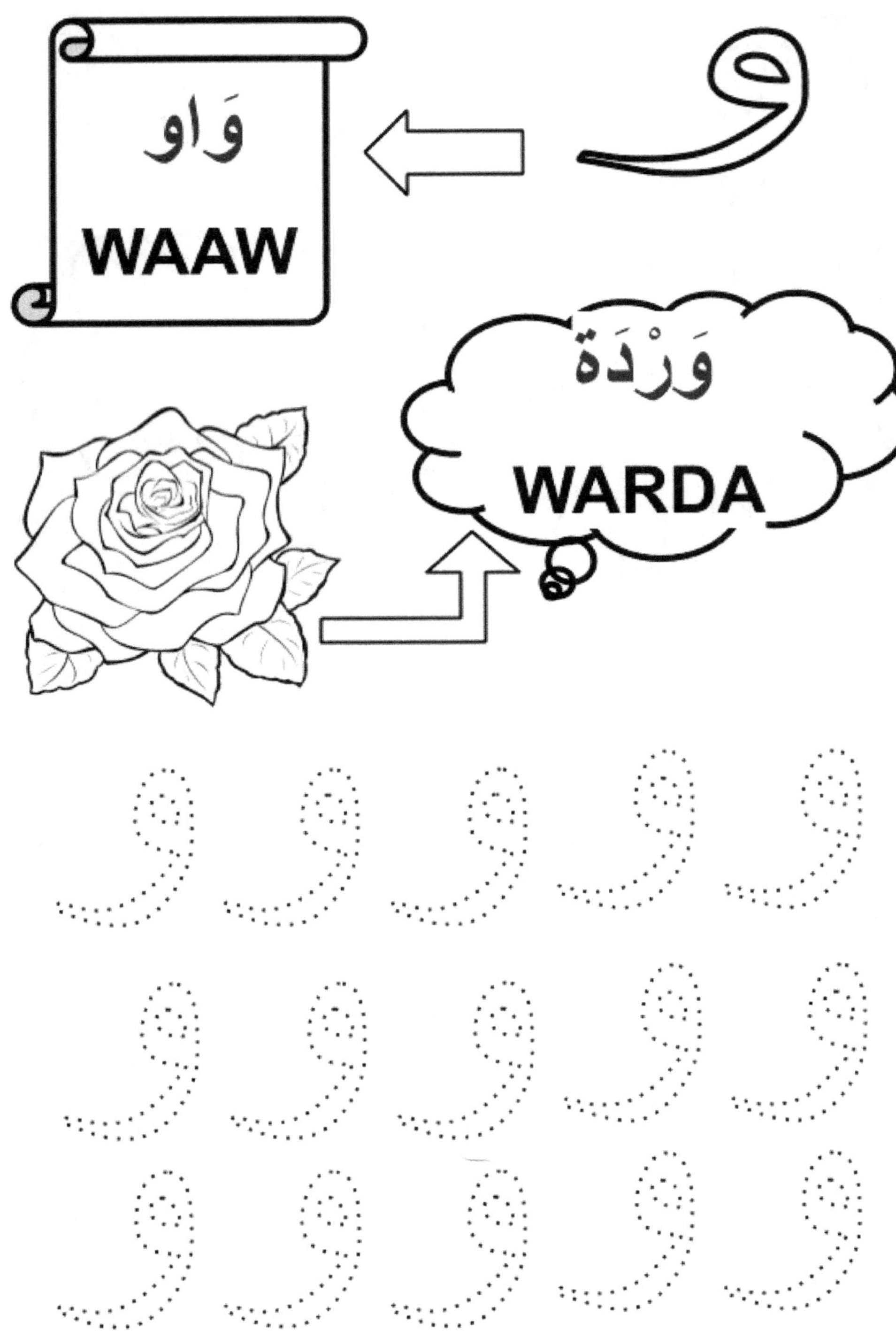

و
واو
WAAW
وَرْدَة
WARDA

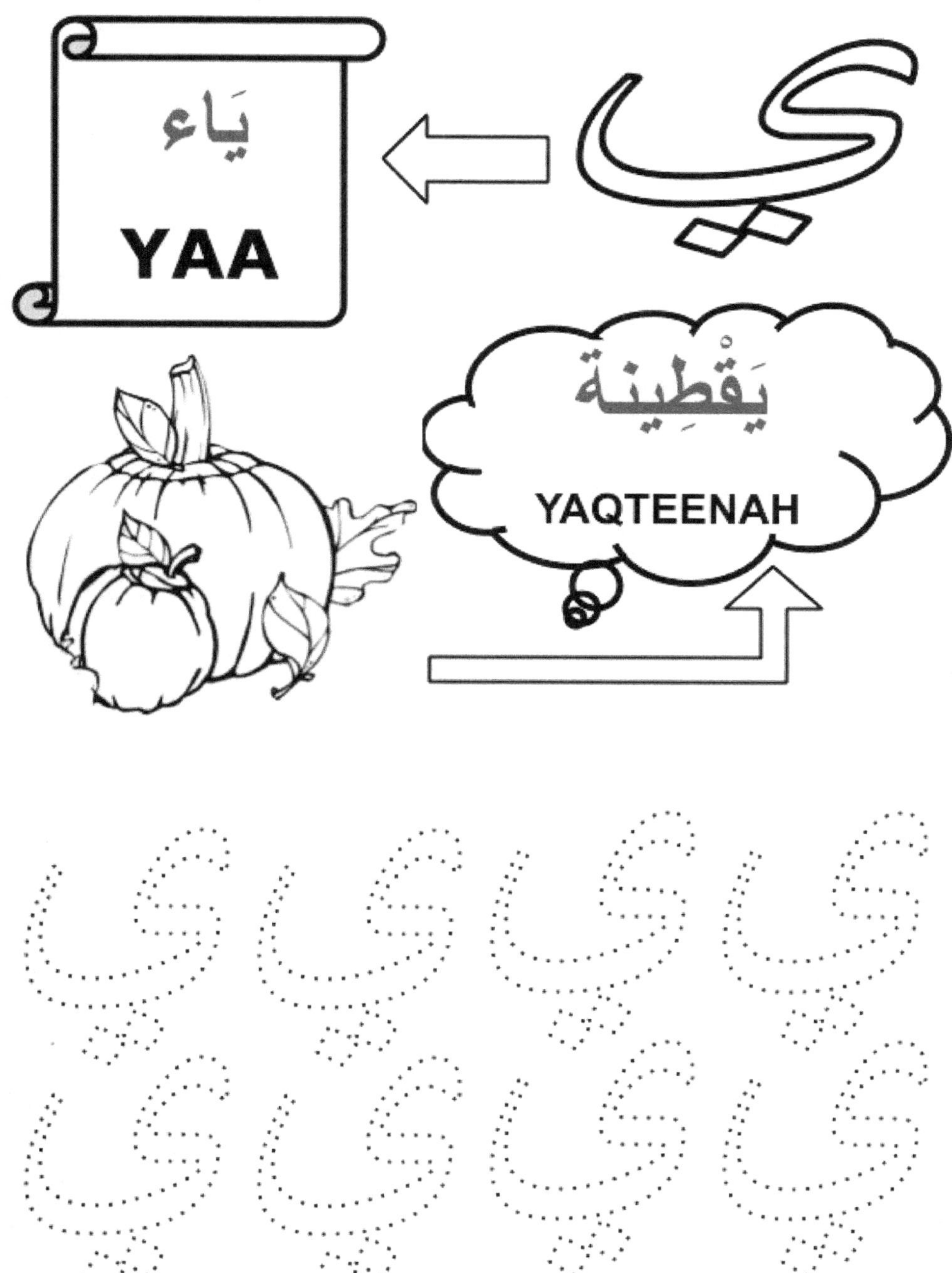

يَاء
YAA
يَقْطِينة
YAQTEENAH